설민석의 역사 고민 상담소

설민석의 역사 고민 상담소 ❹
조선 시대

글 설민석, 서지원 | **그림** 정주연 | **감수** 단꿈 연구소
펴낸날 2021년 9월 30일 초판 1쇄 | 2025년 11월 30일 초판 3쇄
펴낸이 신광수 | **출판사업본부장** 강윤구 | **출판개발실장** 위귀영
만화팀 조은지, 김규리, 김수지, 노보람, 손주원, 이은녕, 변하영, 김다은, 정수현, 변우현, 정예진, 이윤영, 고은서
출판디자인팀 최진아, 강륜아 | **출판기획팀** 정승재, 김마이, 박재영, 이아람, 전지현
출판사업팀 이용복, 민현기, 우광일, 김선영, 이강원, 허성배, 정유, 정슬기, 정재욱, 박세화, 김종민, 정영묵
출판지원파트 이형배, 이주연, 이우성, 전효정, 장현우
펴낸곳 (주)미래엔 | **등록** 1950년 11월 1일 제16-67호
주소 서울특별시 서초구 신반포로 321 | **전화** 미래엔 고객센터 1800-8890 팩스 541-8249
홈페이지 주소 www.mirae-n.com

ISBN 979-11-6413-911-8 74910
ISBN 979-11-6413-690-2 (세트)

ⓒ Dankkumi Corp.

본 제품은 (주)단꿈아이와의 상품화 계약에 의해 (주)미래엔에서 제작·판매하는 것으로 무단 복제 및 전재를 금합니다.
『설민석의 한국사 대모험』 원작사 (주)단꿈아이 / 『설민석의 한국사 대모험』 그림 작가 정현희

파본은 구입처에서 교환해 드리며, 관련 법령에 따라 환불해 드립니다. 다만, 제품 훼손 시 환불이 불가능합니다.
책값은 뒤표지에 있습니다.

KC 마크는 이 제품이 공통안전기준에 적합하였음을 의미합니다.
사용 연령: 8세 이상

설민석의
역사 고민 상담소 ❹

글 설민석, 서지원 | 그림 정주연
감수 단꿈 연구소

Mirae Ⓝ 아이세움

 **들어가는 말**

안녕하세요? 여러분의 역사 선생님, 설민석이에요.

한국사에 대한 여러분의 크나큰 사랑 덕분에, 선생님은 지난 20년 간 책, 방송, 강연 그리고 유튜브를 통해 우리 대한민국의 역사를 널리 알리는 데 힘써 왔어요.

그런데 늘 마음 한편이 허전했답니다. '역사적 지식과 교훈을 전달하는 데 그치지 않고, 어린이들에게 실질적으로 도움이 되는 책을 만들 수는 없을까?' 하는 고민 때문에요.

그래서 이번에 새롭고 재미난 한국사 이야기로 여러분을 찾아왔어요. 〈설민석의 역사 고민 상담소〉 시리즈는 역사 속 인물과 사건에 얽힌 이야기로 여러분의 고민을 말끔히 해결해 줄 거예요.

'역사는 현재를 비추는 거울'이라는 말이 있어요. 역사를 통해 우리 조상들의 지혜를 배우면, 현재 우리가 마주친 문제의 답을 찾을 수 있거든요. 온달, 평강, 로빈, 그리고 역사 고민 상담소의 소장님인 설쌤과 함께 여러분의 고민을 시원하게 해결하고, 역사 상식도 쏙쏙 담아가는 알찬 시간이 되길 바라요.

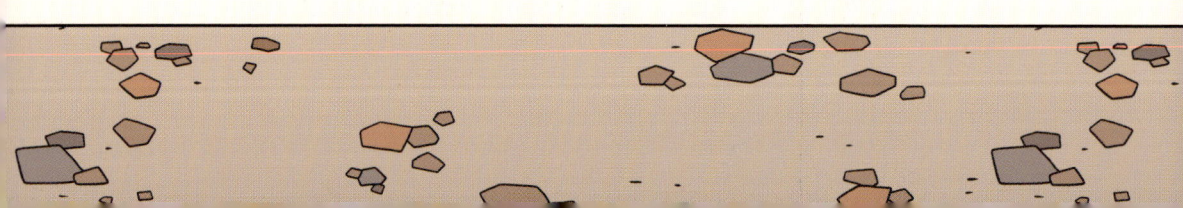

부담 없이 역사 공부를 시작하고 싶은 어린이, 한국사의 흐름을 쭉 한번 짚어 보고 싶은 어린이, 재미있는 이야기로 스트레스를 풀고 싶은 어린이라면, 〈설민석의 역사 고민 상담소〉로 놀러 오세요! 데굴데굴 구르고 깔깔 웃으며 책장을 넘겼을 뿐인데, 우리나라 역사의 흐름과 굵직한 사건들이 자연스레 습득되는 신기한 경험을 하게 될 것입니다.

자, 이제 역사 고민 상담소의 문을 똑똑 두드려 볼까요?

— 설민석 드림

조선 후기

세 번째 고민 ········ 86
0표는 될 수 없어!

한 번에 정리해요 ········ 124
읽은 내용 되짚어 보기

그동안 무슨 일이 일어났을까? ········ 128
세계사와 함께 보는 한국사 연표

이 책을 만든 사람들 ········ 130

정답 ········ 132

등장 인물

설쌤
역사 고민 상담소의 소장님이에요.
손님들의 고민을 해결하기 위해
역사 지식들을 술술 설명할 때는
카리스마마저 느껴지는
열정적인 분이지요!

로빈
역사 고민 상담소에서 손님 응대와
홍보를 맡고 있는 마스코트예요.
가끔은 새침한 듯 토라질 때도 있지만,
사실 마음이 따뜻한 강아지랍니다.

평강

고구려에서 온 공주이자,
설쌤의 믿음직한 조수예요.
설쌤만큼은 아니지만,
평강이도 한국사에 관심이 많고
아는 것도 많아 손님들의
고민 해결에 큰 도움이 되지요.

온달

딱히 맡은 역할은 없지만,
역사 고민 상담소의 어엿한 조수예요.
평강이와 완벽한 콤비를 꿈꾸는 온달이는
오늘도 더 많은 아이들의 고민을
해결하기 위해 노력 중!

첫 번째 고민
공부를 안 하고 성공할 수는 없나요?

호두는 2학년이에요. 호두는 이름처럼 야무지고 단단한 아이로 자랐지만 안타깝게도 공부에는 썩 소질이 없답니다. 특히 받아쓰기 시험 앞에서는 늘 작아졌지요.

아, 받아쓰기 진짜 싫어!

대체 누가 글자라는 걸 만들었을까? 말로 하면 다 되는데 말이야!

사실 호두는 받아쓰기보다 훨씬 좋아하고 잘하는 게 있어요. 바로 발명이에요. 호두는 누구보다 독창적이고 재미있는 생각을 곧잘 해내지요.

"받아쓰기가 뭐 대수인가? 두고 봐! 세상 사람들을 모두 깜짝 놀라게 할 발명품을 만들고 말 거야!"

말은 그렇게 했지만, 엄마한테 시험지를 보여 드릴 생각을 하니 한숨부터 나왔어요. 그때였어요!

호두가 시험지를 줍고 고개를 들어 보니 눈 앞에 '역사 고민 상담소'라는 간판이 달린 낡은 건물이 보였어요.

상담소 문을 열자, 사람들과 강아지가 호두를 반겨 주었어요.

"어서 오세요! 여기는 역사 이야기로 어떤 고민이든 해결해 주는 역사 고민 상담소입니다!"

호두는 시험지를 얼른 뒤로 숨기고 고민을 털어놓았어요. 하지만 호두의 시험지를 발견한 로빈이 설쌤에게 잽싸게 시험지를 가져다 드렸어요.

설쌤이 스마트폰을 누르자 갑자기 익숙한 노래가 흘러나오기 시작했어요.

노래가 갑자기 멈추며 사무실 한가운데에서 엄청난 빛이 뿜어져 나왔어요. 그리고 그곳에서 나온 사람은 다름 아닌 세종 대왕이었어요! 그런데 '스승의 은혜'가 왜 흘러나왔냐고요? 훌륭한 업적을 남긴 세종 대왕을 우리 민족의 큰 스승으로 여긴다는 의미로 세종 대왕 탄신일인 5월 15일을 스승의 날로 지정했거든요.

"그런데 왜 거기에 내 얼굴이 그려져 있는 겐가?"

세종 대왕의 물음에 설쌤은 장황하게 이야기했어요.

"어디 돈뿐이겠습니까? 세종특별시라는 지역도 대왕님의 이름을 따서 지었고, 국제기구인 유네스코에서는 문맹 퇴치에 공로를 세운 사람에게 '세종 대왕상'이라는 이름의 상을 줍니다."

그리 생각해 준다니 참으로 고맙구려. 혹시 훈민정음도 아직 쓰이고 있는가?

아무렴요. 지금은 한글이라 부르지요. 한글이 없었으면 아직도 복잡하고 외우기 어려운 한자를 쓰고 있었을 겁니다.

백성들이 글을 몰라 곤란을 겪는 게 안타까워서 쉽게 읽고 쓸 수 있도록 만든 문자라네. 밤낮으로 연구하느라 피곤할 때도 있었지만, 공부하는 것이 정말 즐거웠지.

공부가 즐겁다니, 우리랑 완전 정반대네!

대왕님이 한글도 직접 만드셨는걸? 세종 대왕과 집현전 학자들이 공동 창제한 것으로 잘못 알고 있는 경우도 많지만, 집현전 학자들은 《훈민정음 해례본》 집필에 참여했을 뿐이지.

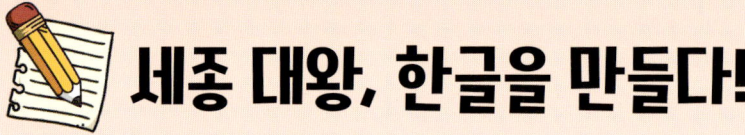# 세종 대왕, 한글을 만들다!

세종 대왕과 집현전 학자들이 한글의 안내서인 《훈민정음 해례본》을 만들고 있어요.
두 그림을 비교하여 서로 다른 곳을 다섯 군데 찾아보세요.

"생각해 보니 임금님 아니었으면 한글 받아쓰기 대신에 한자 받아쓰기 시험을 볼 뻔했네요. 소~름!"

한참 동안 세종 대왕을 존경의 눈빛으로 바라보던 호두가 무언가가 생각난 듯 설쌤에게 따졌어요.

"그나저나 제 고민은 언제 해결해 주실 거예요?"

그 말을 듣고 설쌤 대신 세종 대왕이 나섰어요.

"무슨 고민인데 그러느냐?"

호두의 고민을 들은 세종 대왕은 고민을 제대로 해결하기 전에, 먼저 호두의 수준을 파악해 봐야겠다고 말했어요.

세종 대왕이 낸 문제를 모두 틀린 호두는 몹시 실망했지만 금세 기운을 차렸어요.

"됐어요, 고민 해결은 제가 알아서 할게요. 생각해 보니 답은 내 안에 있었어요. 발명으로 성공하면 돼요!"

호두는 모두를 향해서 호기롭게 말했어요.

"그놈의 공부, 공부! 발명가가 되는데 공부가 왜 필요해요? 발명만 잘하면 되지. 수학이나 받아쓰기가 무슨 소용이에요?"

호두의 투정을 가만히 듣고 있던 세종 대왕은 호두의 마음을 다 안다는 듯이 인자한 미소를 지으며 고개를 끄덕였어요.

잠시 후, 세종 대왕은 설쌤에게 귓속말을 했고, 설쌤은 슬며시 스마트폰 버튼을 눌렀어요.

아까처럼 강렬한 빛이 비치더니, 빛 한가운데에서 어떤 남자가 걸어 나왔어요.

바로 조선 최고의 발명가 장영실이었어요!
장영실의 재능을 일찍이 알아본 세종 대왕은 노비였던 장영실에게 벼슬을 주고 여러 발명품을 만들게 했지요.

임금님과 장영실의 다음 포즈는?

세종 대왕의 든든한 보호 덕에 장영실은 그의 재능을 마음껏 펼칠 수 있었어요.
두 사람의 포즈 순서의 규칙을 찾아 맨 마지막에 올 포즈를 맞혀 보세요.

장영실과 호두는 놀이터 이곳저곳을 살펴보더니 이내 설계도를 슥슥 그렸어요. 나머지 사람들은 흥미진진하게 발명 대결을 지켜봤고요. 얼마 뒤 결과를 발표할 시간이 다가왔어요.

"자, 이제 발표를 해 보아라!"

장영실이 고안한 발명품은 '물이 샘솟는 시소'였어요. 장영실은 설계도를 펼치며 자신만만하게 설명했어요.

이어 호두도 자신의 아이디어를 설명했어요. 호두가 생각해 낸 발명품은 '물을 찾아다니는 자동 드론 축구공'이었어요.

호두는 설계도를 보며 설명하겠다고 했어요. 하지만 안타깝게도 수치도 다 틀리고, 맞춤법도 다 틀려서 다들 뭐가 뭔지 도통 알 수가 없었어요.

다들 설계도를 보고 한마디씩 하자, 호두는 고개를 떨구고 말았어요. 그러더니 곧 울먹이며 고백하기 시작했지요.

"사실 제가 단위도 잘 모르고, 덧셈, 뺄셈에도 약해요. 아이디어는 많은데 과학도 잘 몰라서 원리를 설명할 수가 없어요."

세종은 발명 아이디어는 훌륭하지만, 이렇게 설계도를 그려서는 제대로 된 발명품을 만들 수 없다며 충고했어요.

"공부도 설계도를 만드는 것에 해당한단다. 모든 발명품에는 탄탄한 설계도가 필수이듯이 기초가 잘 다져져 있어야 그 뒤에 일을 수월하게 진행할 수 있지. 나 또한 끊임없이 공부했기에 나라를 잘 다스리고 많은 업적을 쌓을 수 있었단다."

태종이 이룩한 강력한 왕권과 안정된 통치 체제를 바탕으로 세종 대왕은 국방, 학문, 과학, 음악, 농업까지 뭐 하나 소홀히 하지 않고 끊임없이 고민하고 연구하여, 여러 방면에 탁월한 업적을 남겼어요.

 "나는 어릴 때부터 손재주가 좋아서 아무도 생각하지 못했던 기구를 만들어 주위 사람들을 놀라게 했단다. 비록 노비 출신이지만 열심히 익히고 배워서 벼슬까지 얻고, 여러 발명품을 만들었어. 명나라에 유학 가서도 매일 관측 시설을 연구했고 말이야. 재능만 믿고 노력을 안 하면 좋은 결과를 낼 수 없거든."

세종과 장영실의 진심 어린 조언을 들은 호두는 큰 깨달음을 얻고 마음을 다잡았어요.

'훌륭한 발명가가 되려면 국어, 과학, 수학, 사회, 미술 어느 하나 놓칠 수 없겠어!'

호두는 야심 차게 하루 일과표를 작성했어요.

세종 대왕과 장영실은 호두를 격려하며 다시 조선 시대로 돌아갔어요. 호두는 그날 이후로 누구보다 열심히 노력했어요.

한 달 후

오늘은 한 달 만에 다시 치른 받아쓰기 시험 결과가 나오는 날이에요.

강호두!

또 빵점 아니야? 강호두가 아니라 빵호두라고 불러야 한다니까.

세상에나! 열심히 노력한 끝에 호두는 드디어 100점을 받았어요. 선생님과 친구들은 놀라서 입을 다물지 못했지요.

아니, 도대체 비결이 뭐니?

후훗! 아주 특별한 스승님의 가르침을 받았거든요.

쉬는 시간이 되자, 모두들 호두 주변으로 몰려들어 100점의 비결을 물었어요. 어깨가 으쓱해진 호두는 속으로 세종 대왕과 장영실에게 다시 한번 감사의 인사를 드렸습니다.

자신감이 생긴 듯한 호두의 모습에 온달이와 평강이도 미소 지으며, 운동장을 빠져 나왔습니다. 결과도 좋았지만, 최선을 다한 경험 자체로도 큰 공부가 되었겠지요?

설쌤의 상담 일지 1

한글의 아버지 세종 대왕과 함께한 받아쓰기 정복기

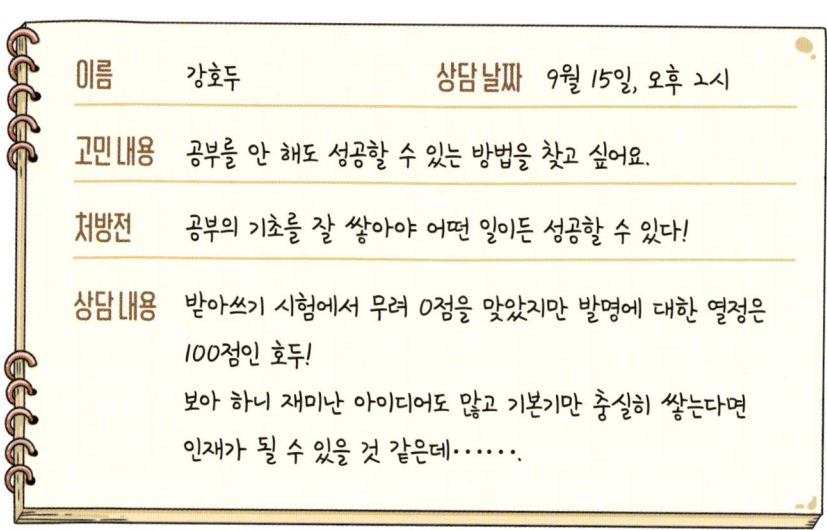

이름	강호두
상담 날짜	9월 15일, 오후 2시
고민 내용	공부를 안 해도 성공할 수 있는 방법을 찾고 싶어요.
처방전	공부의 기초를 잘 쌓아야 어떤 일이든 성공할 수 있다!
상담 내용	받아쓰기 시험에서 무려 0점을 맞았지만 발명에 대한 열정은 100점인 호두! 보아 하니 재미난 아이디어도 많고 기본기만 충실히 쌓는다면 인재가 될 수 있을 것 같은데……

새로운 나라, 조선이 세워지다!

호두에게 공부의 중요성을 알려 주기 위해 조선 최고의 책벌레, 세종 대왕을 소환했다.

아참! 조선을 얘기하려면 이성계 얘기를 빼놓을 수 없지! 조선을 건국한 제1대 임금은 세종 대왕의 할아버지인 태조 이성계다. 고려 말, 고려의 무신이었던 이성계는 요동 정벌에 나섰지만, 위화도에서 군대를 돌려 개경으로 돌아왔다. 이

이 나라는 이제 고려가 아니라 조선이니라!

후 이성계는 1392년에 새로운 나라인 조선을 세우고 임금이 되었다.

왕위에 오른 이성계는 건국에 큰 도움을 준 다섯 번째 아들 방원 대신 어린 방석을 왕세자로 세웠다. 이에 불만을 품은 방원은 방석과 개국 공신들을 없애고 왕위에 올라 태종이 되었다. 이후 태종은 강력하게 왕권을 강화하면서 나라의 기틀을 잡았다. 태종이 만들어 놓은 안정된 기반 위에서 조선의 4대 임금으로 왕위를 이어받은 세종은 조선의 정치, 경제, 사회, 문화를 높은 수준으로 끌어올렸다.

사흘이면 누구나 완벽 마스터, 훈민정음

사실 세종 대왕이 없었더라면 한글 받아쓰기 대신 한자 받아쓰기를 해야 했을지도 모른다. 우리나라는 오랫동안 중국의 문자인 한자를 사용했다. 한자는 외워야 할 글자 수가 많고 배우기 어려워 먹고 살기도 팍팍한 백성들은 평생 글을 모르고 살았다. 이에 백성을 사랑하는 마음이 남달랐던 세종 대왕은 누구나 쉽게 배울 수 있는 훈민정음을 만들었다. 훈민정음은 28자의 문자만 익히면 이를 조합하여 어떤 소리든 글자로 표현할 수 있는, 놀랍도록 과학적인 문자였다! 덕분에 많은 백성들이 글을 익혀 민족 문화가 더욱 발전할 수 있었다.

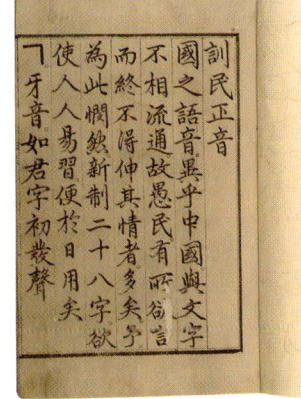

훈민정음
훈민정음은 '백성을 가르치는 바른 소리'라는 뜻이다.

정치, 경제, 문화는 기본! 국방도 놓칠 수 없지!

눈병이 나도록 공부를 멈추지 않았던 세종 대왕. 이런 이미지 때문에 세종 대왕을 책만 파는 샌님으로 본다면 그건 엄청난 오해! 세종 대왕은 카리스마 넘치는 리더십으로 국방을 튼튼하게 하였다. 여진족이 침입해 오자 김종서 장군을 두만강 유역에 보내 6진을 개척하게 했으며, 압록강 유역에는 4군을 설치했다. 또한 이종무 장군을 보내 약탈을 일삼던 왜구들의 근거지인 쓰시마 섬도 정벌했다. 화살 백여 개를 한 번에 발사할 수 있는 무기인 신기전도 세종 대왕 때 발명되었다. 이러니 백성들이 임금을 아버지처럼 믿고 편안하게 살 수 있었겠지.

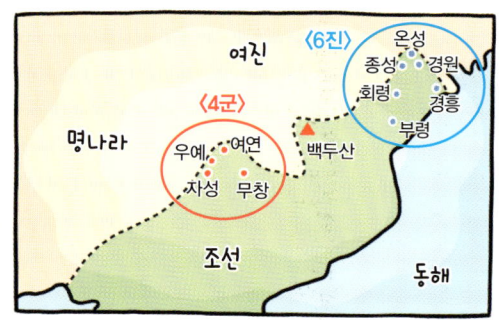

4군 6진 여진족을 몰아낸 뒤 압록강과 두만강 지역에 만든 군사 기지이다. 이때 만든 국경선이 오늘날까지 이어진다.

조선의 발명왕은 누구?

세종 대왕은 좋은 인재를 뽑아 적재적소에 쓰는 인재 관리 능력이 탁월한 왕으로 손꼽힌다. 황희나 맹사성 같은 인품이 훌륭한 자를 재상으로 삼고, 김종서, 이종무처럼 뛰어난 장수들을 발탁해 나라를 지키도록 했으며, 조선 최고의 브레인인 집현전 학자들과 함께 밤낮없이 학문을 연구해 많은 성과를 냈다. 세종 대왕이 아낀 수많은 인재들 중에서 한 명만 뽑는다면 단연 장영실! 세종 대왕은 노비 출신이었던 장영실을 발탁하여 자격루, 혼천의, 앙부일구 등 다양한 과학 기구를 발명하게 했다. 이때 발명된 다양한 천체 관측 기구와 시계는 농사와 백성들의 생활에 큰 도움을 주었다.

이밖에도 세종 대왕 때는 구리 활자인 갑인자가 새로 만들어졌고, 농사서인 《농사직설》, 의학 백과사전인 《의방유취》가 편찬되는 등 과학 기술이 크게 발전했다.

조선 초기의 대표적인 발명품

앙부일구

혼천의

자격루

호두는 장영실과의 발명 대결을 통해 어떤 일이든 기초 학문을 탄탄하게 쌓아 두지 않으면 성공하기 어렵다는 사실을 깨달았다. 한눈에 영특한 아이인 줄은 알았지만, 세상에! 한 번 마음먹었다고 바로 100점을 맞아 버릴 줄이야. 호두가 차근차근 실력을 쌓아 세계 최고의 발명가가 되기를 응원해 본다.

오늘도 어김없이 검은 그림자가 나타났어요. 검은 그림자는 전봇대 뒤에 몰래 숨어서 역사 고민 상담소를 훔쳐보았어요.

내 말이 맞지? 요즘 누군가 몰래 상담소를 훔쳐보고 간다니까.

무, 무서워. 대체 왜 그러는 거지?

온달이가 쫓아가자 검은 그림자는 바람처럼 골목 사이로 사라지는 게 아니겠어요? 결국 로빈이 나서기로 했어요.

킁킁, 이 냄새는!

냄새를 쫓아 한참 동안 이리저리 돌아다니던 로빈은 결국 검은 그림자의 정체를 찾아냈어요. 바로 키가 작고 운동복을 입은 여자아이였지요.

로빈이 다가가자, 여자아이는 반가워하며 로빈에게 속마음을 조용히 털어놓았어요.

다음 날, 역사 고민 상담소의 간판이 바뀌었어요.

빠밤!

IQ 320, 세계 최초!
무인 인공 지능 고민 상담소!
사람에게 털어놓기 어려운 비밀을
인공 지능에게 털어놓으세요. 비밀 철저 보장!

응? 언제 이렇게 바뀌었지?

임 대

오늘도 학교를 마치고 풀이 죽은 얼굴로 상담소 주변을 맴돌던 아리는 새로 바뀐 상담소 간판을 보고는 눈이 동그래졌어요.
"사람 대신 인공 지능이 상담하는 건가? 그러면 한번 들어가 볼까?"

아리는 문을 열고 상담소 안으로 들어갔어요. 정말 아무도 없고, 자판기처럼 생긴 기계와 모니터만 반짝반짝 빛나고 있었어요. 아리는 용기를 내서 상담소 안으로 들어가 '인공 지능 해결사'라고 붙어 있는, 자판기처럼 생긴 기계에 다가갔어요.

아리는 간절한 목소리로 고민을 털어놓았어요. 하지만 기계는 한참을 기다려도 작동할 생각이 없어 보였어요.

결국 온달이가 참지 못하고 재채기를 하는 바람에 기계가 쓰러지고, 아리의 눈 앞에 세 사람과 강아지가 놀란 얼굴로 나타났어요.

"무인이라면서요? 분명 인공 지능이라고 써 있었는데? 아이큐 320이라고……."

아리는 황당해서 마구 질문을 쏟아냈어요.

'아, 뭐지? 사기꾼들 같아!'

아리는 왠지 속은 것 같은 기분이 들어서 역사 고민 상담소를 나오려고 했어요. 그런데 그 순간 어디선가 우렁찬 북소리가 둥둥둥 울렸어요. 상담소 한쪽 벽이 뚫리면서 밝은 빛이 새어 들어오더니, 그곳에서 호랑이 눈을 한 장군이 성큼성큼 등장했어요. 바로 이순신 장군이었지요.

"거기 누구냐? 혹시 지긋지긋한 왜놈들이냐?"

뿌연 연기 때문에 상황을 파악하지 못한 이순신은 앞에 있던 아리를 향해 칼을 휘둘렀어요. 아찔한 순간도 잠시, 아리는 엄청나게 빠른 속도로 칼을 요리조리 피했어요.

왜놈이라면 가만두지 않겠다!

후훗, 내 운동 신경이라면 이쯤이야 피할 수 있지.

연기가 걷히자 이순신 장군은 화들짝 놀랐어요.

"아니, 웬 어린아이가? 정말 미안하구나. 그런데 어찌 그리 잘 피하느냐? 내 검을 피할 정도면 보통 솜씨가 아니구나."

아리가 씩 웃으며 대답했어요.

"제가 피구부 주장이거든요. 피하는 건 제 전문이에요. 피구는 공을 피하는 게 중요한 스포츠거든요."

대단하구나!

기술 점수 10, 예술 점수 10 드립니다.

사람이야, 다람쥐야?

역시 선수 출신은 다르네.

온달은 이순신 장군의 검을 눈여겨보면서 존경스럽다는 눈빛으로 말했어요.

"역사를 잘 모르는 저도 이순신 장군님 이름은 들어 봤어요. 왜군 무찌른 이야기 좀 들려주세요!"

천하무적 조선 수군의 대활약!

이순신은 뛰어난 전략과 리더십으로 수많은 전투에서 왜군을 물리쳤어요.
주요 전투들에는 어떤 것들이 있었을까요?

| 옥포 해전 (1592. 5. 7) | 사천 해전 (1592. 5. 29) | 한산도 대첩 (1592. 7. 8) |

부산포에 있던 왜선 470척을 공격해 100여 척을 격침했어요.

돌격선인 거북선이 투입된 첫 번째 해전이에요.

물길이 좁고 물살이 빠른 울돌목의 특성을 이용해 133척을 물리쳤어요.

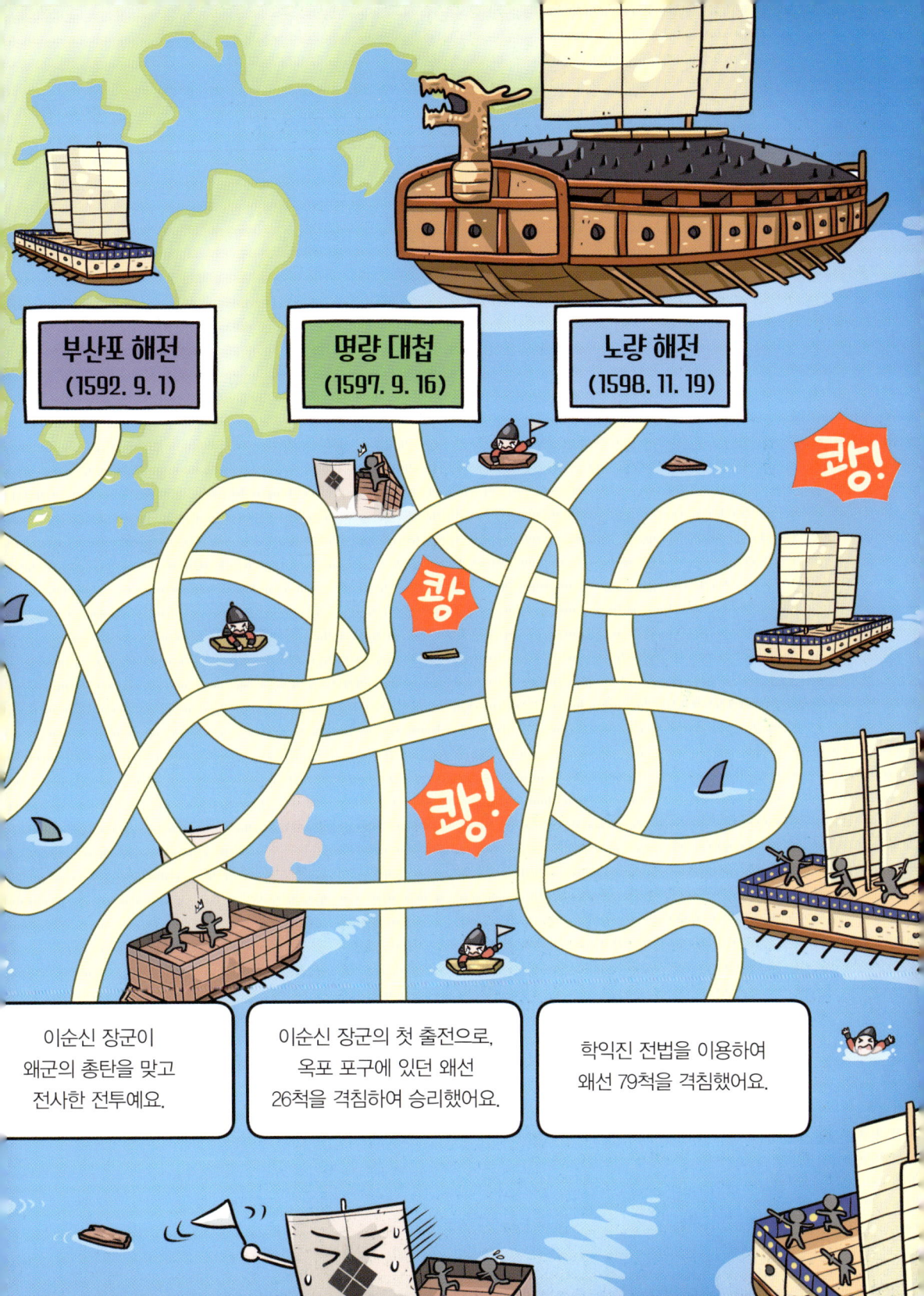

이순신 장군의 대활약을 들은 온달과 아리가 신이 나서 말했어요.

"그건 내가 설명해 줄게!"

설쌤은 이순신 장군님 대신 설명하기 시작했어요.

"가장 지위가 낮은 병사는 하얀 무명옷을 입거든. 장군님도 하얀 무명옷을 입고 병사로 전쟁에 나갔지. 장군이 병사의 신분으로 전쟁에 참여하는 것을 '백의종군'이라고 해."

설쌤이 덧붙였어요.

한참 뜸을 들이며 고민하던 아리는 어렵게 고민을 털어놓았어요.

"저는 전국 초등학교 피구 대회의 결승전에 진출한 햇님 초등학교 5학년 선수예요. 피구단 주장이고요."

그 말에 온달이는 얼른 인터넷에서 뉴스를 검색해 봤어요.

깜짝 스포츠 뉴스

지난해까지 햇님 초등학교 피구부는 중위권 정도를 유지하는 팀이었다. 하지만 올해 혜성처럼 나타난 주장 서아리 선수의 눈부신 활약으로 분위기가 반전되었다. 햇님 초등학교는 단 한 번도 패배하지 않으며 전국 대회 결승에 진출하게 되었다.

와! 실력이 대단한가 본데?

그런데 무슨 일이 생긴 것이냐?

"저는 태성 초등학교에 다니다가, 이번에 햇님 초등학교로 전학 와서 새로 피구단에 합류했어요. 그런데 하필 결승 상대가 제가 예전에 다니던 태성 초등학교지 뭐예요."

"뭐 그럴 수도 있지. 그게 왜?"

온달의 물음에 아리는 눈물을 꾹꾹 참으며 말을 이었어요.

"며칠 전에 우연히 분식집에 갔다가 태성 초등학교 피구단을 만났어요. 너무 반가운 마음에 같이 떡볶이를 먹고 오랜만에 피구 한 게임 했는데, 그걸 우리 팀 선수가 보고 오해를……."

"아이들은 제가 태성 초 피구단에게 우리 작전을 알려줬다고 생각해요. 당장 다음 주가 시합인데 주장인 제 말은 듣지도 않는다고요. 어떡하면 좋을까요? 여태까지 잘해 와서 우승까지도 자신있었는데……."

아리는 결국 참아 왔던 눈물을 터뜨렸어요.

이순신 장군과 아리, 상담소 식구들은 운동장으로 나왔어요. 이순신 장군은 설명을 시작했어요.

"전술이란 나를 알고 적을 알아야 가능하다. 일본의 군선은 밑판이 V자 모양이라 속도는 빠르지만 방향 전환을 빨리 하기 어렵지. 하지만 우리의 거북선과 판옥선은 밑판이 U자 모양이라 재빨리 방향을 바꿀 수 있단다. 덕분에 학익진 작전도 가능했고."

위풍당당 조선의 함대가 나가신다!

아리와 역사 고민 상담소 식구들은 '역사 고민 처방전' 앱을 켜서 가상 현실로 전쟁에 참여했어요. 그림의 빈 곳에 알맞은 퍼즐 조각을 찾아 번호를 써 넣으세요.

이순신 장군님의 전투를
좀 더 생생하게 느껴 볼 수 있겠지?

"피구라는 걸 할 때도 대형을 빠르게 바꾸면서 적을 혼란케 하는 것이 먹힐 것 같구나. 일단 여러 대형을 시험해 볼까?"
"좋아요!"

한편 계속되는 훈련 때문에 목이 말랐던 온달이는 물이 있나 찾다가 웬 보따리를 하나 발견했어요.

"이게 뭐지? 물이라도 들었나? 아님 먹을 것?

보따리를 풀자, 웬 책이 한 권 나왔어요.

다음 주, 실내 체육관에서 전국 초등학교 스포츠 클럽 피구 대회가 열렸어요. 두 학교의 학생들과 학부모들이 응원하는 소리로 실내 체육관은 떠들썩했어요.

 말은 이렇게 했지만 사실 걱정되기는 아리도 마찬가지였어요. 아직 팀원들에게 자신의 진심을 보여주지 못했으니까요. 하지만 이럴 때일수록 팀원들을 챙겨야 한다고 생각한 아리는 수군거리는 팀원들 사이에서 팀원들이 마실 물을 나르고, 팀원들의 신발과 옷을 챙겼어요. 그러던 중, 다른 팀원 하나가 아리의 가방에서 바닥으로 떨어진 노트를 발견했어요.

아리의 일기장을 읽은 친구는 모여 있던 친구들에게 후다닥 뛰어가서 진실을 알렸어요.

아리가 구석에서 팀원들이 마신 물병을 정리하고 있는데, 팀원들이 조심스럽게 다가와서 말을 걸었어요.

친구들은 아리에게 오해해서 미안하고, 아리의 진심을 이제야 알게 되었다며 정중하게 사과했어요. 전술을 복습하고 연구하기 위해서 썼던 피구 일기가 우연히 친구의 눈에 띄면서 아리의 진심을 전달한 거예요!

오해를 벗은 아리는 뛸듯이 기뻐서 눈을 반짝이며 새로 짠 전술에 대해 설명했어요. 팀원들은 예전으로 돌아와서 아리의 말에 귀를 기울였어요

조금 전과 달라진 햇님초 선수들의 모습에 상담소 식구들도 덩달아 기분이 좋아졌어요. 자, 이제는 진짜 시합만이 남았어요.

햇님초 선수들은 지그재그로 빠르게 공을 주고받았어요. 그러자 상대 팀은 완전히 혼란에 빠져버렸어요.

작은 오해가 있었지만 오히려 더 똘똘 뭉친 햇님초 피구단은 결국 최종 우승을 차지했어요.

설쌤의 상담 일지 ❷

이순신과 아리의
백의종군 피구 대회!

이름	서아리	**상담 날짜**	9월 20일, 오후 1시

고민 내용 배신자라는 누명을 벗고 팀을 승리로 이끌고 싶어요.

처방전 묵묵하게 제 실력을 발휘하면 다들 진심을 알아줄 것이다!

상담 내용 사소한 오해로 배신자의 누명을 쓰고 팀원들과 멀어진, 피구팀 주장 아리! 전국 피구 대회의 결승전만을 앞둔 지금, 과연 아리는 누명을 벗고 팀의 우승을 이끌 수 있을까?

조선이 맞은 큰 위기

큰 위기를 맞은 팀을 이끌어야 하는 피구팀 주장 아리. 이런 문제라면 이순신 장군만 한 적임자가 없지. 누명을 쓰고 옥에 갇히기도 했지만 조선 수군을 이끌고 임진왜란이라는 큰 시련을 이겨내지 않았는가!

조선은 개국 이후 200여 년 동안 평화로운 시기를 보냈다. 큰 전쟁이 없었기 때문에 군사 조직을 제대로 키우지 않았음은 물론이다. 그러던 중 일본의 도요토미 히데요시가 조선을 정복하고 중국 명나라마저 정복하기 위해 1592년 부산 앞바다에 수많은 왜선을 이끌고 나타났다.

그것이 임진왜란의 시작이었다. 조선은 총력을 다해 막았지만, 최신식 무기인 조총으로 무장한 왜군에게 속수무책으로 당하고 말았다. 결국 왜군은 20일 만에 한양을 빼앗고 함경도까지 점령했다. 그때 조선을 위기에서 구할 명장이 나타났으니, 그가 바로 이! 순! 신!

돌격하라, 거북선과 판옥선!

일본이 침략해 올 것을 예측하고 거북선을 완성하고 군사 훈련을 했던 이순신. 실제 전쟁이 일어나자 그 준비가 빛을 발했다. 경상도 옥포 앞바다에서 일본을 무찌른 것을 시작으로 단 한 번도 패하지 않은 것이다. 패전 소식만 가득했던 조선에 반가운 첫 승전보였다. 옥포에 이어 사천, 당포, 당항포, 율포에서까지 연이어 지자 왜군은 크게 당황했다.

돌격선인 거북선(왼쪽)과 주력 군선인 판옥선(오른쪽)
거북선이 적선을 향해 돌진하여 전열을 흐트러뜨리면 판옥선이 공격하는 식으로 왜군에 맞섰다.

상대편 배에 올라타 일대일로 맞붙는 전술을 쓰는 왜군에 맞서기 위해 갑판을 높게 만들었어.

전쟁을 계속하려면 병사와 전쟁 물품을 배로 실어 날라야 하는데, 이순신이 바닷길을 차단해 버리자 보급로가 막힌 것이다.

왜군은 모든 함선을 모아 이순신을 공격할 작전을 세웠다. 이순신은 도망치는 척 왜군들을 바다 한가운데로 유인하는 작전을 펼쳤다. 왜군이 한산도 앞바다에 도착하자 이순신이 이끄는 조선 수군은 갑자기 방향을 바꾸고는 마치 학이 날개를 펼치는 모습으로 왜군을 에워쌌다. 그 유명한 학익진! 결국 무려 79척의 적선이 순식간에 불타고 부서졌다.

이것이 그 유명한 한산도 대첩으로, 진주 대첩, 행주 대첩과 함께 임진왜란 3대 대첩 중 하나로 꼽힌다. 한산도 대첩은 전쟁과 흐름을 바꾸어 놓은 매우 중요한 전투였다.

학익진은 우리 팀 비장의 작전이기도 했지!

울돌목은 우리가 좀 잘 알지!

명나라와 일본은 임진왜란을 끝내기 위한 회담을 열었지만 협상이 결렬되며, 일본은 1597년에 다시 조선에 쳐들어왔다. 정유재란이 일어난 것이다. 이때 이순신은 모함을 당해 감옥에 갇혀 있었다. 배신자로 오해받은 아리처럼 억울한 일을 겪은 것이다. 하지만 왜군에게 속수무책으로 당하자, 선조는 이순신을 다시 수군통제사로 임명했다. 앞선 패전으로 인해 조선 수군에 남은 배는 13척에 불과했지만, 이순신은 포기하지 않고 새로운 작전을 짰다. 일부러 물살이 빠르고 물길이 좁은 울돌목(명량 해협)에서 일본 수군을 기다린 것이다. 결국 이순신은 적선 133척을 물리치고 크게 승리했다.

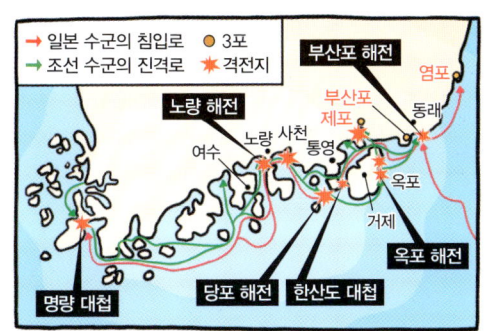

전쟁의 끝, 새로운 시작

1598년 도요토미 히데요시가 죽자, 왜군은 조선에서 철수하기 시작했다. 이순신은 경상도 노량 앞바다에서 후퇴하던 일본 수군을 무찌르다 안타깝게도 적의 총탄에 맞고 말았다. 노량 해전을 마지막으로 일본은 조선에서 완전히 철수했고, 7년 전쟁은 이렇게 마무리되었다.

오랜 전쟁으로 인해 조선은 많은 백성이 죽고, 토지는 황폐해졌으며, 문화재는 불타고, 소중한 문화유산을 일본에 약탈당했다. 그러나 우리 민족은 강인한 정신력과 끈기로 혼란을 조금씩 회복해 갔다.

고난을 극복하고 왜군을 몰아낸 이순신처럼 아리도 팀원들과 오해를 풀고 극적인 승리를 거두었다. 이참에 우리 상담소도 피구팀을 결성해 볼까? 이름 하여 고민은 피하고 문제를 돌파하는 '설역고 피구단'!

상담소 식구들은 곧장 근심이 가득해 보이는 아이에게 다가갔어요. 아이는 먹구름이 잔뜩 몰려온 것 같은 얼굴이었어요.

하지만 아이는 얼굴이 사과처럼 빨개지면서 입을 꼭 다물어 버렸어요. 눈치 빠른 평강이가 종이봉투를 슬며시 내밀었어요. 머리에 봉투를 쓰자 용기가 조금 생긴 아이는 겨우 입을 열었어요.

문제의 시작은 반장 선거였어요. 다민이네 반은 선거를 일주일 앞두고 후보를 선출하기로 했어요.

"여러분, 리더십이 있고, 솔선수범해서 1년 동안 우리 반을 이끌 반장을 추천해 주세요."

선생님의 말씀에 다들 쭈뼛대는데, 누군가 손을 번쩍 드는 게 아니겠어요?

다민이는 부끄러움을 많이 타고 소심한 성격이에요. 많은 사람들 앞에 서면 목소리도 나오지 않고 얼굴만 빨개져서 비웃음을 사기 일쑤였지요. 그런데 반장 후보라니요! 철규와 함께 후보로 선정된 다민이는 당황스러우면서도 조금은 뿌듯한 기분도 들었어요.

그러던 중 다민이는 우연히 비상계단 앞에서 철규의 목소리를 들었어요.

"내 작전대로 돼 가고 있어. 정다민과 선거에서 붙다니! 백전백승이야!"

다민이는 얼른 문 뒤로 숨어 대화를 엿들었어요.

　세상에, 다민이가 반장 후보가 된 건 철규를 반장으로 만들기 위한 아이들의 작전이었어요. 철규의 작전에 놀아났다는 생각에 다민이는 큰 절망에 빠지고 말았지요. 이제 모두가 보는 앞에서 큰 표 차이로 져서 망신당할 일만 남은 거예요. 어쩌면 0표가 나올지도 몰라요. 다민이는 상상조차 하기 싫었어요.

"이렇게 된 거예요……."

다민이의 이야기를 다 들은 상담소 식구들은 안타까운 마음이 들어 어떻게든 다민이를 돕고 싶어졌어요.

임금님의 특명, 화성을 완성하라!

정조는 어지러운 정치를 개혁하고 강력한 왕권을 다지기 위해 수원 화성을 짓기로 했어요. 정약용은 거중기와 녹로, 유형거 등 새로운 기구를 이용해 놀랍도록 빠르고 튼튼하게 수원 화성을 완성했어요. 그림의 빈 곳에 알맞은 퍼즐 조각을 찾아 번호를 써 넣으세요.

거중기
정약용이 도르래의 원리를 이용해 만든, 무거운 물건을 들어 올리는 기계예요.

녹로
고정 도르래의 원리를 이용해 물건을 높은 곳으로 옮기는 기구예요.

유형거
무거운 돌을 움직이기 편리하게 만든 수레예요.

그런데 눈앞에 나타난 이 사람은 대체 누구일까요? 다 떨어지고 구멍이 숭숭 난 더러운 옷에, 찌그러진 갓을 걸치고 초라한 행색을 한 양반이 나타난 게 아니겠어요?

그런데 양반의 행동이 수상했어요. 양반은 이쪽저쪽 살피면서 곁눈질로 관찰하고, 엿듣고, 조사했어요. 마치 스파이 같았지요. 눈에서는 초롱초롱 빛이 났어요.

삼미라는 말에 설쌤은 얼른 양반의 눈썹을 바라보았어요. 역시나 눈썹 사이에 상처가 있어서 눈썹이 세 개처럼 보였어요. 어릴 적 천연두를 앓아 생긴 상처 때문에 삼미자(三眉子)라 불렸던 정약용! 분명 정약용 선생이었어요!

혹시 정약용 선생님?

쉿! 여기 나쁜 탐관오리가 있는지 조사하는 중이네. 혹시 억울한 일을 당한 적은 없으신가? 나쁜 관리에게 재산을 빼앗긴 적은?

정약용은 허리춤에 찬 물건을 꺼내 슬쩍 보여 주었어요. 정약용이 보여 준 물건은 노랗게 빛나는 마패였어요. 정약용은 수원 화성 설계가 끝난 해에 암행어사를 맡아 경기도 지방을 돌며 백성들의 힘든 생활을 가까이에서 지켜봤거든요.

화성 건너편 길에서 발견한 정약용은 가로등, 자동차, 포크레인 등을 구석구석 살펴보면서 원리를 파악하느라 정신이 없었지요.

그제야 다민이는 정약용에게 반장 선거 이야기를 털어놓았어요. 그간의 일을 들은 정약용은 버럭 화를 냈어요.

다음 날, 상담소 식구들과 정약용은 학교로 몰래 잠입해서 살펴보기로 했어요. 철규는 선거 공약을 쓴 푯말을 들고 반 아이들을 찾아다니면서 외치고 있었어요.

철규의 선거 공약을 들은 아이들은 귀가 솔깃한 듯했어요. 하지만 상담소 식구들은 어이가 없었지요. 정약용은 철규의 선거 공약의 문제점을 날카롭게 꼬집었어요.

"반장이 되겠다고 저런 허무맹랑한 공약을 해서는 안 된다. 반드시 지킬 수 있는 약속을 해야 하는 법이지! 저 친구의 공약은 현실성 없고 뜬구름 잡는 공약들 뿐이구나!"

정약용이 열변을 토했어요.

"실학이란 나라를 부강하게 하고, 백성의 실생활에 도움을 주는 방법을 연구한 학문이란다. 현실과 동떨어진 이론은 백성들의 삶을 이롭고 풍요롭게 할 수 없지!"

현실과 동떨어진 이론이란 조선의 근본 사상이였던 성리학을 말씀하시는 거란다.

그런 점에서는 철규의 공약과 공통점이 있네요.

역시 정약용 선생님은 백성의 마음을 헤아리고 백성을 진정으로 위하는 분이시구나.

"사실 성리학이 무조건 나쁜 것은 아니야. 다만 조선 후기에 가난한 농민도 많아졌고, 탐관오리의 횡포 역시 날로 심해져서 백성들이 고통받을 때, 의리, 예, 도리 등만 강조하는 성리학이 현실 문제를 해결하는 데 도움이 되지 못한다고 실학자들은 생각했던 거지."

설쌤이 덧붙였어요.

찾아라, 실학 어벤져스!

이익, 정약용, 홍대용, 박제가 중 다른 모습을 하고 있는 한 사람을 찾아보세요.

조선 후기에는 여러 실학자들이 토지 제도 개혁이나 상공업 등 실질적인 방법으로 사회를 개혁하자고 주장했지. 대표적인 실학자로는 정약용, 이익, 홍대용, 박제가 등이 있어.

이익(1681~1763)
집집마다 일정한 규모의 토지를 나눠 갖고 매매할 수 없게 하면, 백성들이 공평하게 잘살 수 있다고 주장했어요.

정약용(1762~1836)
마을 단위로 토지를 공동 소유하고, 함께 농사를 지은 뒤 수확량도 공평하게 나눠 갖자고 주장했어요.

홍대용(1731~1783)
지구가 하루에 한 바퀴씩 스스로 돈다는 지전설을 주장했으며, 청나라에서 서양 문물을 접한 뒤 혼천의를 만들기도 했어요.

박제가(1750~1805)
청나라의 문물을 받아들여 상공업을 발전시켜야 하며, 대외 무역을 적극적으로 해야 나라가 부강해진다고 주장했어요.

정약용은 진지한 얼굴로 다민에게 조언했어요.

"반 아이들을 백성이라고 생각하고, 그들의 삶을 이롭고 풍요롭게 할 수 있는 공약을 만드는 게 먼저일 것 같구나."

다민이와 상담소 식구들은 머리를 맞대고 실학의 정신을 담은 선거 공약을 연구했어요. 그러나 아무리 고민해도 좋은 아이디어가 떠오르질 않았어요.

"그건 제가 할게요!"

다들 깜짝 놀라서 다민이를 쳐다봤어요. 천하의 부끄럼쟁이 다민이가 직접 설문 조사에 나서겠다니 다들 놀랄 수밖에요. 정약용과 상담소 식구들이 애써 주는 마음에 감동해서 자신도 힘을 보태야겠다고 다짐한 모양이에요.

친구들의 고민을 모아 온 다민이는 역사 고민 상담소 식구들과 함께 머리를 맞대고 공약에 대해 논의했어요. 살짝 붉어진 얼굴로 열심히 이야기하는 다민이의 눈이 반짝반짝 빛났어요.

다민이를 흐뭇하게 바라보던 정약용은 갑자기 구석에 있는 어떤 물건을 가리켰어요. 그 물건은 천으로 가려져 있어서 무엇인지 전혀 알 수 없었지요.

 며칠 후

드디어 반장 선거 날 아침이 밝았어요.

다민이는 소감을 말하기 위해 교단에 올라갔어요. 소심쟁이, 부끄럼쟁이의 모습은 온데간데없이 사라지고 듬직한 반장의 모습만이 남았지요. 이런 다민이에게 더 이상은 종이봉투가 필요하지 않겠지요?

고맙습니다! 저는 정약용 선생님의 정신을 이어받아 반 친구들의 실생활에 도움이 되는 실용적인 정책으로 우리 반을 전교에서 제일 행복한 반을 만들겠습니다!

정다민 만세!

정약용 만세!

우리도 민주적으로 투표로 상담소 리더를 뽑는 건 어떨까요?

차라리, 내가 낫겠다멍!

샘쌤의 상담 일지 3

정약용의 실사구시 공약 작전으로 반장 선거를 접수하다!

이름	정다민	상담 날짜	9월 12일, 오후 3시

고민 내용 반장 선거에서 0표를 받을까 봐 두려워요.

처방전 반 친구들에게 실질적으로 필요한 공약을 제시하라!

상담 내용 남들 앞에 서면 얼굴이 빨개지는 최강 부끄럼쟁이 다민이! 상대 후보의 계략에 휘말려 얼떨결에 반장 후보가 되었지만 0표를 받을까 봐 고민이라는데!

정조가 꿈꾸는 새로운 세상

다민이가 반 친구들의 마음을 잘 헤아린다면 좋은 반장이 될 수 있겠지? 조선 시대에는 백성의 마음을 잘 헤아리고 지혜롭게 다스렸던 목민관 정약용이 있었다.

목민관이자 공학자, 실학자였던 다재다능한 정약용이 활약했던 시기는 바로 18세기 정조 시대! 조선은 17세기부터 신하들이 여러 붕당으로 나뉘어 서로 팽팽하게 대립하고 있었다. 정권을 잡은 붕당은 권력을 독점하고 반대편 인사들을 탄압했다. 이 때문에 정치가 혼란스러워지자, 정조는 이를 개혁하기 위해 젊고 유능한 인재들을 등용하고, 수원 화성을 세

위 새로운 도시를 만들고자 했다. 즉, 화성은 새로운 개혁 정치의 상징이나 다름없었다. 그런데 그 중대한 프로젝트를 정약용에게 맡긴 것이다. 정약용은 화성의 설계를 맡았을 뿐만 아니라, 거중기 등 다양한 운반 기계를 개발해 공사 기간과 비용을 크게 줄였다. 또한 정조가 화성을 행차할 때 쓰일 배다리(배를 일정한 간격으로 늘어놓고 그 위에 넓은 판자를 얹어 만드는 다리)를 설계하기도 했다. 이렇게 똑부러지는 신하라니 총애하지 않을 수 없을 것 같다.

수원 화성 정조가 아버지 사도 세자의 무덤을 만들면서 건설한 계획 도시이다.

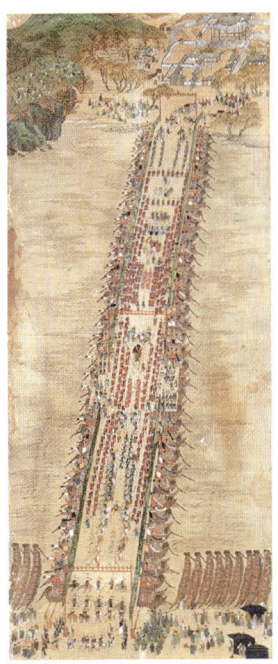

배다리 정조가 배다리를 이용하여 한강을 건너 화성으로 가는 장면을 그렸다.

팔방미인 정약용의 지극한 백성 사랑

공학자로서의 업적도 정말 놀랍지만, 사실 내가 정약용을 소환한 것은 목민관 정약용의 행보 때문이다. 암행어사로 다니며 백성들의 고통을 옆에서 보고 들은 정약용은 지방 관리 시절에도 백성들의 형편에 맞게 세금을 매기는 등 공명정대하면서도 어질게 백성들을 다스렸다.

또한 누명을 쓰고 18년 동안 유배 생활을 할 때도 백성들이 잘사는 방법을 연구하여 많은 책으로 남겼다. 이 중에는 나라를 바로 세우기 위한 제도와 개혁 원리를 담은 《경세유표》, 청렴과 공정 등 지방 관리가 백성을 다스릴 때의 도리를 다룬 《목민심서》, 백성들이 억울하게 죄인이 되지 않도록 형벌 규정과 실제 사례 등을 자세히 담은 《흠흠신서》 등이 있다.

다산 초당 정약용은 유배 시절 이곳에서 《목민심서》 등 수많은 책을 집필했다.

실용이 최고야, 실학!

조선 후기에 이르러 백성들의 삶은 가난해지고 관리들의 횡포도 늘었다. 하지만 조선의 근본 사상이었던 성리학은 우주의 질서, 인간의 도리 등을 중요하게 여기는 학문이라, 백성들의 실질적인 문제는 해결해 줄 수 없었다. 이에 몇몇 학자들이 현실의 문제를 해결할 수 있는 학문인 실학이 필요하다고 주장했다. 대표적인 실학자 정약용은 양반들에게 토지가 집중되어 있는 것을 문제로 보고, 직접 농사를 짓는 농민들에게 땅을 나눠 주고 일한 만큼 곡식을 나눠 갖자고 주장했다.

공동 소유
마을 단위로 토지를 나눠 갖는다.

공동 경작
마을 사람들이 공동으로 농사를 짓는다.

노동량에 따라 분배
세금을 내고 남은 것을 나눠 갖는다.

　정약용처럼 토지 제도를 개혁하자는 실학자들을 중농학파라고 하고, 상공업을 발전시켜 나라를 부강하게 하자는 실학자들을 중상학파라 한다. 중상학파의 대표적인 인물인 박지원, 박제가는 나라가 발전하려면 상업과 수공업이 발달해야 하며 청나라의 발달한 문물을 받아들여야 한다고 주장했다.
　정약용은 다민이에게 실학 정신에 입각한 선거 작전을 제시했고, 역시나 작전은 대성공! 모두의 예상을 깨고 다민이가 반장으로 당선되었다. 다민이는 아이들 앞에서 말하는 건 어려워하지만, 대신 친구들의 어려움을 살필 줄 아는 섬세함을 가진 아이였다. 다민이만의 장점을 잃지 않는다면 분명 좋은 반장이 될 거다! 믿는다, 다민!

한 번에 정리해요

여러분, 《설민석의 역사 고민 상담소 4. 조선 시대》를 흥미진진하게 읽었나요?

공부를 하지 않고도 성공하고 싶은 호두, 억울한 누명을 쓴 아리, 반 아이들이 진정 원하는 반장이 되고 싶은 다민이의 고민 중 여러분은 어떤 고민에 가장 공감했나요? 또 세종 대왕과 장영실, 이순신 장군과 정약용 중 누구의 해결책이 가장 인상 깊었나요?

이제 앞에서 읽은 내용을 정리하며 가볍게 문제를 풀어 보세요. 앞에서 읽은 내용을 차근차근 떠올리다 보면 정답이 선명하게 떠오를 거예요. 자, 그럼 시작해 볼까요?

문제 1. 다음 설명과 초성 힌트를 참고하여 빈칸에 알맞은 말을 써 보세요.

현재 우리가 쓰는 '한글'의 옛 이름으로, 세종 대왕이 만든 것은?

ㅎ ㅁ ㅈ ㅇ

물이 흐르는 것을 이용하여 시각을 알 수 있게 만든 물시계의 이름은?

ㅈ ㄱ ㄹ

바늘의 그림자에 따라 시각을 알 수 있게 만든 해시계의 이름은?

ㅇ ㅂ ㄱ

정조의 명을 받아 정약용이 건축에 참여한 성곽의 이름은?

ㅅ ㅇ ㅎ ㅅ

문제 2. 조선 수군의 배인 판옥선에 대한 다음 설명 중 맞으면 **O**, 틀리면 **X**를 하세요.

① 밑판이 U자 모양이다.

② 방향을 빨리 바꿀 수 있다.

③ 일본 배에 비해 속도가 빠르다.

④ 수심이 얕은 곳을 다닐 수 있다.

문제 3. 지금은 전교생이 9명뿐이라 곧 폐교될 위기에 처한 깊은 산속 가마골 초등학교! 여러분이라면 폐교에 찬성할지 반대할지 자유롭게 써 보세요.

선택 1. 우리 학교가 사라지게 놔둘 수 없어요!

선택 2. 읍내의 큰 학교로 가는 수밖에 없어요.

내가 그렇게 생각한 이유는

입니다.

※ 과연 설쌤의 역사 고민 상담소에서는 이 고민을 어떻게 해결할까요? 5권에서 확인해 보세요!

그동안 무슨 일이 일어났을까?

같은 시대, 우리나라와 세계에서는 무슨 일이 일어났을까요?
우리 역사의 흐름을 세계사와 함께 살펴봅시다.

한국사

1392년
조선 건국
위화도에서 회군한 이성계는 왕이 되어 국호를 조선이라고 하였어요.

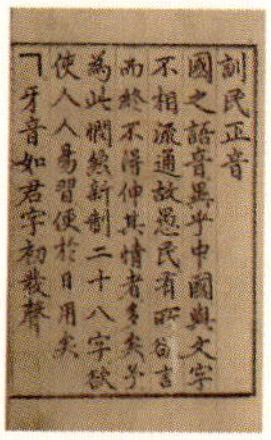

1446년
훈민정음 반포
백성을 위해 세종이 만든 글자인 훈민정음이 반포되었어요.

1453년
계유정난

1498년
무오사화

1504년
갑자사화

1506년
중종반정

1300년 — 1400년 — 1500년

세계사

1368년
명나라 건국
주원장이 원 세력을 몰아내고 명나라를 건국하였어요.

1453년
동로마 제국 멸망
동로마 제국은 십자군의 약탈과 셀주크 튀르크의 공격, 내란 등으로 점차 약화되었다가 오스만 제국의 공격을 받고 멸망하였어요.

1492년
아메리카 대륙 발견
이탈리아 출신의 콜럼버스가 대서양을 횡단하던 중 신대륙을 발견하였어요.

1592년
임진왜란
왜군 병선 700여 척이 부산포에 이르렀고 다음날 부산성을 빼앗기며 임진왜란이 일어났어요.

1597년
정유재란

1623년
인조반정

1627년
정묘호란

1636년
병자호란
청 태종이 12만 군사를 이끌고 쳐들어오자 인조는 남한산성에서 포위되어 굴욕적인 항복을 했어요.

1762년
임오화변
세자의 비행을 보고받은 영조가 대노하여 세자를 뒤주 속에 가두어 죽게 했어요.

1592년
한산 대첩
진주 대첩

---- 1600년 ---- 1700년 ----

1642년
청교도 혁명
영국에서 일어난 최초의 시민 혁명으로, 영국은 군주제와 귀족이 사라지고 공화국이 되었어요. 올리버 크롬웰이 공화정을 수립했지요.

1776년
미국 독립 선언
미국이 영국의 식민지 상태에서 벗어나고자 독립을 선언했어요.

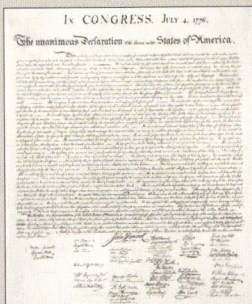

1789년
프랑스 대혁명
민중들이 바스티유 감옥을 습격하며 프랑스 혁명의 막이 올랐어요.

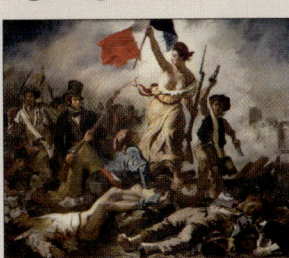

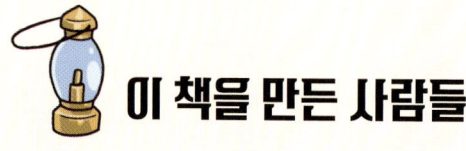# 이 책을 만든 사람들

글 설민석

우리나라 사람들이 가장 사랑하는 역사 선생님입니다. 머리에는 지식을, 가슴에는 교훈과 감동을 전하겠다는 일념으로 지난 20년간 한국사 대중화에 앞장섰습니다. 한국사는 지루하고 딱딱하다는 선입견을 깨고, 남녀노소 누구나 즐겁게 다가갈 수 있는 역사 콘텐츠를 만들기 위해 노력하고 있습니다. 그리고 이제, 〈설민석의 역사 고민 상담소〉 시리즈를 통해 새로운 역사 교육 방식을 제안합니다. 〈설민석의 역사 고민 상담소〉는 재미난 한국사 동화를 통해 어린이들의 말 못할 고민을 해결하는 동시에, 교과 과정에 입각한 필수 역사 지식을 습득할 수 있는 '신개념 에듀 스토리북'입니다.

지은 책으로는 〈설민석의 만만 한국사〉, 〈설민석의 한국사 대모험〉, 〈설민석의 세계사 대모험〉, 〈설민석의 통일 대모험〉, 〈설민석의 삼국지〉 시리즈 들이 있고, 《설민석의 무도 한국사 특강》, 《설민석의 조선왕조실록》 들이 있습니다.

글 서지원

한양대학교를 졸업하고 1989년 〈문학과 비평〉에 소설로 등단했습니다. 현재는 동화 작가와 논픽션 작가로 활동하고 있습니다. '책 읽는 서울 올해의 책', '원주 시민이 읽어야 할 올해의 책'에 선정되었고, '문화체육관광부 우수문학도서상', '환경부 우수환경도서상', '여성가족부 장관상' 등을 받았습니다. 지은 책으로는 《빨간 내복의 초능력자》, 《훈민정음 구출 작전》, 《4차산업 혁명과 미래 직업 이야기》 들이 있으며, 초등학교 수학 교과서를 집필했습니다.

그림 정주연

2010년부터 언제나 신나고 즐거운 그림을 그리고 있습니다. 그린 책으로는 《다빈치 수학》, 《스파이 수학》, 《우리 아이 창의력을 키워 주는 똑똑한 인공지능백과》, 《개콘탐정단》, 《공포마술탈출》, 《존리의 금융 모범생 클럽》 들이 있으며, 종이책과, 웹툰, 웹소설 등 다양한 장르를 넘나들며 재기발랄한 삽화와 만화를 그렸습니다.

감수 단꿈 연구소

국민의 바른 역사의식 함양을 위해 역사를 연구하고 공부하는 사람들이 모인 곳입니다. 설민석 선생님과 함께 인문, 역사, 어린이 등 다양한 분야의 콘텐츠를 만들고 있습니다.

정답

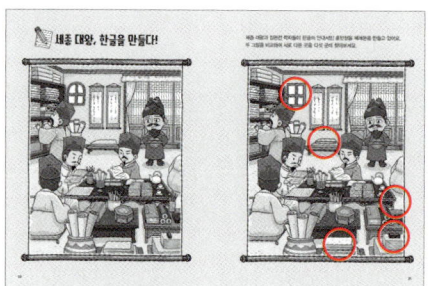

20~21쪽 세종 대왕, 한글을 만들다!

26~27쪽 임금님과 장영실의 다음 포즈는?

36~37쪽 장영실이 만든 발명품을 찾아라!

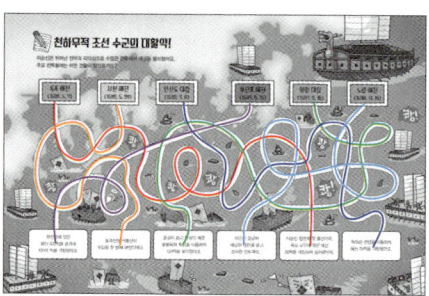

60~61쪽 천하무적 조선 수군의 대활약!

70~71쪽 위풍당당 조선의 함대가 나가신다!

96~97쪽 임금님의 특명, 화성을 완성하라!

102쪽 미로 찾기

108~109쪽 찾아라, 실학 어벤져스!

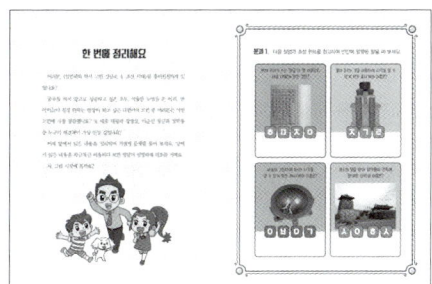

125쪽 한 번에 정리해요

훈민정음, 자격루, 앙부일구, 수원 화성

126쪽 한 번에 정리해요

① O, ② O, ③ X, ④ O

사진 출처

- 43 훈민정음(문화재청)
- 45 앙부일구(문화재청), 혼천의(문화재청), 자격루(문화재청)
- 83 거북선(@Feth_wikipedia), 판옥선(서울대학교규장각한국학연구원)
- 121 배다리(문화재청) 수원 화성(@bifyu_wikipedia)
- 122 다산 초당(문화재청)
- 125 훈민정음(문화재청), 자격루(문화재청), 앙부일구(문화재청), 수원 화성(@bifyu_wikipedia)
- 132 훈민정음(문화재청), 콜럼버스 초상화(wikipedia)
- 133 영조 어진(문화재청), 올리버 크롬웰 초상화(wikipedia), 미국 독립 선언문(wikipedia), 민중을 이끄는 자유의 여신(wikipedia)

역사 고민 상담소에 털어놓아요!

누구에게나 말 못 할 고민은 있는 법! 여러분이 보내 준 고민 중,
《설민석의 역사 고민 상담소 4》의 주제 선정에 영감을 준 이야기를 소개합니다.

김하은 어린이

공부를 잘하고는 싶지만,
왜 잘해야 하는지는 모르겠어요.

최효정 어린이

학원 때문에 너무 스트레스 받아요.
꼭 공부를 해야 할까요?

이예준 어린이

상대방에게 속마음을 말하고 싶은데
말이 잘 나오지 않아요.

한예음 어린이

친구가 학교에서 제 이야기를 퍼트려서
기분이 상했어요. 어떻게 하면 좋을까요?

조태욱 어린이

다른 학교 선수들과 축구 시합이 있는데 꼭 이기고 싶어요.

남건우 어린이

학교 대의원을 하고 싶은데 뽑힐 자신이 없어요. 어떻게 하면 뽑힐 수 있을까요?

이연서 어린이

소심한 성격이라, 친구들 앞에서 큰 목소리로 발표하는 게 힘들어요.

5권에서 만나요!

《설민석의 역사 고민 상담소 4권》을 읽고
책을 읽은 소감과 설쌤에게 털어놓고 싶은 고민을 적어 주세요.
많은 어린이들이 공감할 만한 고민이나 '나만의 엉뚱한 고민'은
5권과 유튜브 설쌤TV 에피소드의 소재로 선정됩니다.

응답 기간 ~2021년 11월 30일까지
발표 2021년 12월 중 당첨자에 한해 개별 안내
참여 방법 스마트폰으로 QR 코드를 스캔한 후, 설문지가 뜨면 문항에 답해 주세요.